CATALOGUE
D'ESTAMPES
ANCIENNES & MODERNES

DES DIVERSES ÉCOLES

ÉCOLE FRANÇAISE XVIIIe SIÈCLE & COULEUR

Portraits, Ornements

VIGNETTES, VUES, ETC.;

DONT LA VENTE AURA LIEU

HOTEL DES COMMISSAIRES-PRISEURS

Rue Drouot, n° 5

SALLE N° 6, AU 1er ÉTAGE

Le Samedi 5 Novembre 1864

A UNE HEURE PRÉCISE

Me **DELBERGUE-CORMONT,** Commissaire-Priseur,
rue de Provence, 8,
Assisté de M. **VIGNÈRES**, Marchand d'Estampes,
rue de la Monnaie, 13, à l'entresol, entrée rue Baillet, 1,
CHEZ LEQUEL SE DISTRIBUE CE CATALOGUE.

PARIS
RENOU & MAULDE
IMPRIMEURS DE LA COMPAGNIE DES COMMISSAIRES-PRISEURS
Rue de Rivoli, 144

1864

— 1088.

CONDITIONS DE LA VENTE

L'ordre du catalogue sera suivi.

Les lots pourront être divisés à la volonté du vendeur.

Elle sera faite au comptant.

Les acquéreurs paieront CINQ POUR CENT en sus des adjudications.

M. VIGNÈRES, dirigeant la Vente, se charge des Commissions.

NOTA. Toute commission sans prix fixé ou sans limite déterminée sera regardée comme nulle.

M. VIGNÈRES se charge de faire marquer les prix aux Catalogues des ventes qu'il a faites. Les personnes qui le désirent peuvent s'adresser à lui *franco*.

Les Catalogues des Ventes à faire seront envoyés à toute personne qui en fera la demande affranchie.

AVIS. — Nous prions MM. les Amateurs éloignés de ne pas attendre au dernier jour, pour que les lettres arrivent le matin de la vente ; ils comprendront que quelques lettres peuvent se lire, mais de 20 à 50 lettres, c'est difficile.

PORTRAITS EN BISTRE

Collections de Portraits inédits ou rares de Personnages célèbres

REPRODUITS NOUVELLEMENT PAR LA GRAVURE

Publiés par VIGNÈRES, Md d'Estampes

Rue de la Monnaie, 13, à l'entresol, entrée rue Baillet, 1.

Albany (Louise-Max. de Stolberg, comtesse d').	Gravée par Varin.
Amoros, colonel, fondateur de la gymnastique en France.	id.
Argout (Antoine-Maurice-Apollinaire, comte d').	J. Porreau.
Babeuf (F.-N.-Gracchus), journaliste.	id.
Barère (Bertrand), de Vieuzac, conventionnel.	id.
Beauharnais (comtesse Stéphanie de), poète, romancière.	Sisco.
Berruyer, général, commandant des Invalides.	J. Porreau.
Bertrand de Molleville, marquis, ministre, littérateur.	id.
Bièvre (marquis de), célèbre auteur de calembours.	id.
Blanchard (Madeleine-Sophie-Armand, Madame), aéronaute.	id.
Bonjour (Casimir), auteur dramatique.	id.
Borghèse (Camille-Philippe-Louis), prince.	id.
Bossut (Charles), mathématicien.	id.
Brazier (Nicolas), auteur dramatique, d'après Marlet.	id.
Brissot (J.-P.), de Varville, conventionnel.	id.
Canclaux (J.-B. Camille, comte de), général, pair.	id.
Cayla (comtesse de), née Talon, d'après le baron Gérard.	Massard.
Clouet dit **Janet**, (François), peintre de portraits.	J. Porreau.
Cochon, comte de l'**Apparent**, conventionnel, ministre.	id.
Debureau, acteur des Funambules, Pierrot.	id.
De Fermont (comte), député, conseiller d'État.	id.
Devienne, actrice, Théâtre-Français.	Normand.
Donadieu, baron, général de division.	J. Porreau.
Dorat-Cubières-Palmezeaux, poète, auteur dramatique.	id.
Droz (Joseph), littérateur, académicien.	id.
Duchesne aîné, conservateur du cabinet des estampes.	id.
Ducos (Roger), avocat, constitut., 3e consul provisoire.	id.
Élie de Beaumont, avocat au Parlement de Paris.	Devritz.
Empis (Adolphe), auteur dramatique.	J. Porreau.
Epagny (d'), poète dramatique.	id.
Fabre de l'Aude (comte), député, pair, littérateur.	id.
Fiévée (J.), littérateur, auteur dramatique.	id.
Fréron (Louis-Stanislas), conventionnel.	id.
Frochot, comte, préfet, député.	id.
Garnerin (A.-J.), inventeur du parachute.	id.
Garnerin (Élisa), aéronaute.	id.
Gaudin, duc de Gaëte, ministre des finances.	id.
Genlis (A. Brulard, comte de), cap. des gardes, convent.	id.
Geoffroy (J.-L.), critique, journaliste.	id.
Godoi (don Manuel), prince de la Paix.	Varin.
Gouffé (Armand), chansonnier, vaudevilliste.	J. Porreau.

Guimard (Mademoiselle), danseuse. | J. Porreau.
Jouffroy (Théodore-Simon), professeur, académicien. | id.
Jousselin de Lasalle, homme de lettres. | id.
Kant (Emmanuel), philosophe allemand. | Bracquemond.
Lacalprenède (Gauthier de Costes, seign. de), romancier. | Varin.
Lainé (J.-H., vicomte), ministre et académicien. | J. Porreau.
Lamballe (princesse de), dess. d'ap. nature par Gabriel, | id.
Lasource (M.-David-Albin de), député du Tarn. | id.
Lavallière (L.-F. de la Baume, duchesse de). | id.
Lucotte (Edme-Aimé), lieut.-général, comte, né à Dijon. | id.
Marat, à la tribune, dess. d'après nature par Gabriel. | id.
Martin (Louis-Aimé), littérateur. | id.
Maurepas (J.-Fréd. Phelypeaux, comte de), ministre. | Varin.
Mazères (Édouard), auteur dramatique. | J. Porreau.
Mesmer, auteur du magnétisme animal. | id.
Mézerai, actrice, Théâtre-Français. | Normand.
Orléans, duc de Montpensier (Ant.-Philippe d'), 1773-1807. | J. Porreau.
Persuis (L. Loiseau de), musicien, d'ap. Pierre Guérin. | id.
Petiet (Claude), député, ministre de la guerre. | id.
Philidor (André-Danican), musicien, auteur du jeu d'échecs. | id.
Pilon (Germain), sculpteur, 1550. | id.
Pixerécourt (Guilbert de), fac-simile, d'après J. Boilly, in-4. | id.
Pongerville (Samson de), académicien. | id.
Pontus de la Gardie, général en Suède. | id.
Ramel-Nogaret, ministre des finances, préfet. | id.
Reveillère-Lepaux, botaniste, théophilanthrope. | id.
Robert-Lindet, député, conventionnel, ministre. | id.
Romme (Gilbert), conventionnel. | id.
Rouget de L'Isle, auteur de *la Marseillaise*, musicien. | Varin.
Saint-Huruge (marquis de). | J. Porreau.
Saint-Prix, acteur, Comédie-Française. | id.
Saint-Simon (Claude-H., comte de), philosophe. | Perrot.
Silvain Maréchal, poète et littérateur. | Devrits.
Tallien (Madame), née Cabarus, d'après le baron Gérard. | Massard.
Treilhard (J.-B., comte), député, ministre, etc. | J. Porreau.
Tronson du Coudray, avocat, du Conseil des Anciens. | id.
Vadier (A.), député aux États-Généraux. | id.
Vatout (J.), poète, académicien, bibliothécaire. | Varin.
Vigée (L.-G.-B.-E.), poète et auteur dramatique. | J. Porreau.
Cartouche (Louis-Dominique), fameux voleur. | Lallemand.
Mandrin (Louis), fameux contrebandier. | Delaistre.

Chaque portrait pouvant entrer dans un in-8° est tiré in-4°.
Avec la lettre, papier blanc, 1 fr.; papier de Chine, 1 fr. 25 c.
Avant la lettre, papier blanc, 1 fr. 50 c.; papier de Chine, 2 fr.
Dont il n'est tiré que 20 épreuves blanc et 5 Chine.

Afin de faciliter les recherches des Amateurs de portraits, soit pour les illustrations, soit pour les collections d'autographes ou autres, *deux Catalogues détaillés* de quelques collections de portraits qui peuvent se trouver chez moi, classés par ordre alphabétique, seront remis aux personnes qui en feront la demande affranchie.

Renou et Maulde, imprimeurs de la Compagnie des Commissaires-Priseurs,
rue de Rivoli 144. 35228

27 %

payé Loiselet	732	75	197	91	534	85
payé Picot	183	25	49	60	133	65
payé Mahé 18 2. [illegible]	93	..	25	11	67	90
payé Durand	44	..	11	90	32	10
payé Brunet	31	25	8	45	22	80
payé Rott	3	75	1	05	2	70
	1,088	00	194	02	794	00

Produit 1088 ..

Frais 291 85

796 15

Catalogue	86	
[illegible]	15	15
Affiches et affichage	17	25
insertion au moniteur des ventes	9	60
Declaration de vente	2	
[illegible] procès verbal	[illegible]	
[illegible]	[illegible]	[illegible]
[illegible]	[illegible]	[illegible]
[illegible]	[illegible]	[illegible]
[illegible]	[illegible]	[illegible]
[illegible]	[illegible]	
[illegible]	[illegible]	
[illegible]	[illegible]	
[illegible]	[illegible]	[illegible]
Transport à l'hotel	[illegible]	[illegible]
[illegible]	5	[illegible]
	346	25
[illegible]	54	40
	291	85

1088
27 %
7616
2176
293-76

ESTAMPES

ANCIENNES ET MODERNES

XVIIIe SIÈCLE ET COULEUR

1 **L'Artiste**. Jules Dupré, Lemud, Roqueplan et d'ap. Charlet et autres. 50 p.

2 **L'Artiste**. Pièces gravées d'ap. Diaz et autres. 26 p.

3 **Adam** (Victor). Etudes d'animaux. 11 p.

4 **Aubrun**. Vues des divers établissements de Biaritz, Bagnères, Eaux-Bonnes, etc. 16 p.

5 **Aubry Lecomte**. Toilette de Vénus et autre, par Léon Noel, Hébé. 3 p. in fol. Chine.

6 — Le Déluge sur chine, — la Vierge de Saint-Sixte. 2 p. gr. in-fol.

7 — Arianne abandonnée, Sommeil d'Erigone, la Justice, la Force, la Valeur, l'Eloquence. 6 p.

8 **Baudouin** (D'ap.). Sa taille est ravissante, — Roxelane. 2 jolies pièces en pendant.

9 **Bayalos**. La Perruche, les Poissons rouges, le Portrait chéri, le Chapeau de paille. 4 lithog. ovales, imp. en couleur.

10 **Beaumont**. Un baiser vaut un soufflet, — une chanson vaut un baiser. 2 jolies lithog. avec ton.

11 **Bonnet** et autres. Jolies têtes de femmes, d'ap. Boucher et autres. 10 p. sanguine.

12 **Bonvin.** Portrait de Lenain, Tête d'homme, Chat dormant. 3 p. à l'eau-forte.

13 — Première suite de six eaux-fortes. 1861.

14 **Borel** (D'ap.). L'Abandon voluptueux, par Dennel. Très-belle ép., marge.

15 **Bosse** (A.). Dame à l'église, seigneurs, etc. 4 p.

16 **Campion**, d'après Sergent. Jardin du Palais-Royal, pont Louis XVI, Henri IV au Pont-Neuf et autres vues de Paris en couleur. 12 p.
~~Eisen, Wille fils, etc. 16 p.~~

17 **Caricatures.** Le bon genre, costumes et pièces sur les Anglais. 18 p. coloriées.

18 **Chodowiecki.** Vignettes, illustrations pour Huon et autres. 30 p.

19 **Debucourt.** Annette et Lubin, avant toute lettre en noir, — et autres, d'ap. C. Vernet, en couleur, 4 p.

20 **Delacroix** (D'ap.). L'Hermite et le Chevalier,— Joseph vendu par ses frères, d'après Decamps. 2 p.

21 — La Barque du Dante, eau-forte, par Henriet.

22 **Delarue.** Terpsichore dansant devant Neptune et Amphitrite, — Fête chez Junon à l'arrivée de Saturne. 2 dessins à la plume.

23 **Delongueil.** Les Sens, groupes d'enfants, d'ap. Eisen, Wille fils, etc. 16 p.

24 **Demarteau**, etc. Costumes, d'ap. Watteau. 7 p. à la sanguine.

25 **Demarteau**, d'ap. Boucher, etc. Groupes d'enfants. 10 p. sanguine.

26 — et autres. Pastorales, Vénus, Autel à l'Amitié, costume, etc. 11 p. sanguine et couleur.

Cauchois 1.

Hermin 5

B. 2

Mattra 5

[illegible] [illegible] [illegible] 15

[illegible]

[illegible]

Couchoin 2 R. 15

R. 14

Couchoin 3 R. 11

[illegible] 3

Couchoin 2 . 73 R. 10

Couchoin 3

Herbin 3.

27 **Duflos** et autres. Petits sujets galants, appelés tabatières. 16 p.

28 **Duflos** (Cl.) Le Triomphe de Galathée, — le Berger avec son oiseau, — Vénus tranquille. 3 p. gracieuses.

29 **Eaux-fortes**. Vues de Paris de Martial, 4. — Daubigny, 2. — H. Dupont, l'École turque, d'ap. Decamps, avant la lettre, etc. 8 p.

30 **Eaux-fortes italiennes**, etc. Biscaino, Carpioni, Carrache, Guide, Zuccharelli, etc. 15 p. belles.

31 **Ecole flamande**. Hollar, Matham, Sadeler, etc. 14 p.

32 **Ecole française**. Dorigny, Garnier, Loir, Lahyre, etc. 11 p.

33 — Les Cerises, d'ap. Beaudouin, la Peinture, Départ de la chasse, etc. 12 p. gracieuses.

34 **Ecole italienne**. Eaux-fortes de Biscaino, Baroche, Carrache, etc. 10 p.

35 **Fac-simile** d'aquarelles lithog. 8 p.

36 **Fragonard** (D'ap.). Contes de La Fontaine, in-4, ép. d'artiste, eau-forte et autres. 10 p.

37 **Galerie** du Luxembourg. 43 p. et texte.

38 **Galerie** de Versailles, Concours décennal. 42 p.

39 **Ghisi** (G.). Plafonds en ovales. 2 p., belles ép.

40 **Girard**. Jésus couronné d'épines, d'après Van Dyck.

41 **Girodet** (D'ap.). Sapho, par Châtillon, 16 p. et texte, — les Amours des Dieux, 12. 28 p.

42 **Grandville**. Illustration pour Béranger. 21 p.

43 **Guérard** (D'ap.). La Semaine des amours. 8 p. lithog. avec ton; charmantes compositions.

44 **Guyot**. Première attaque de la Bastille. Ovale en couleur.

45 **Janinet**. Vues de Paris, Palais-Royal, Hôtel-de-Ville, Place Royale, Sorbonne, etc. 13 p. couleur et noir.

46 **Jazet**. Courage et humanité, courage et probité. 2 manière noire.

47 **Klauber** (Cath.). Triomphe de l'Eglise. 15 p.

48 **Klengel** et autres aquafortistes allemands. Paysages avec figures et animaux. 22 p.

49 **Lefèvre**. Sujets religieux et mythologiques, d'ap. Titien, Paul Véronèse, etc. 20 p.

50 **Leprince**. Kalmouck en bistre et autres, pièces en couleur, costumes, etc. 23 p.

61 **Legrand**. Le Dîner renversé, d'ap. Mme Haubourt, avant la lettre,— le roi boit, d'ap. Beaume. 2 p.

52 **Lesueur** (D'ap.). Vie de saint Bruno. 24 p.

53 **Lithographies** par Boulanger, Charlet, Decamps, Delacroix, Gavarni, Gros, Hersent, Lemud, Léopold Robert. Célébrités contemporaines, etc. 38 p.

54 **Maile**. Dame anglaise, française, Cath. Rebuffe, Coquetterie, Emotion. 5 jolies femmes.

55 **Manceau**. Dieu et Patrie, d'ap. Compte-Calix. Belle ép.

56 **Marc-Antoine**. Alexandre faisant serrer les livres d'Homère, le Satyre et le jeune Bacchant, et autres. 6 p. Pourra être divisé.

[illegible] 4,

[illegible] 3,50

[illegible] 2

[illegible] 25 [illegible] 10

57 **Marillier** et autres. Vignettes diverses. 30 p.

58 **Marin-Lavigne**. Napoléon entouré des personnages qui l'ont combattu. Grand in-fol., chine.

59 **Masson**. Le Christ au tombeau, d'ap. Titien. Ep. chine avant la lettre.

60 **Michel-Ange** (D'ap.). Fig. de la chapelle Sixtine. 12 p.

61 **Milats**. Son portrait mort et son œuvre de paysages à l'eau-forte. 14 p.

62 **Moreau**. Vignettes pour les contes de La Fontaine. 9 p.

63 **Moreau** le jeune. Vignettes diverses. 80 p.

64 — Illustrations pour La Fontaine, Molière, avant la lettre et autres. 20 p.

65 **Murillo** (D'ap.). Annonciation, par Lafosse, autre et Enfance de Jésus, par Marin-Lavigne. 3 belles lithog. chine.

66 **Ostade**. Son œuvre en 52 p. avec le portrait par Gole et le titre.

67 **Pauquet**. Album cynégétique, récits de chasses les plus remarquable. In-4 rel. en toile.

68 **Peronard**. Ecole royale polytechnique, — Institution royale de St-Denis. 2 p., manière noire, in-fol.

69 **Picart** (B.) et autres. Les Saisons et autres petits sujets galants appelés tabatières. 15 p., belles ép.

70 **Picart** (B.). Cérémonies religieuses, de mariages, convois, etc. 29 p., quelques doubles.

71 **Poussin** (D'ap.). Les huit paysages, par Baudet, Anciennes ép.

72 **Raphaël** (D'ap.). La Vierge au linge. Ep. chine, sans lettres.

73 **Reynolds**. Les Sens, 5 jolies femmes en buste, d'ap. Dubufe.

74 **Salathé**. Panorama de Turin.

75 **Sandby**, 1750. Paysages avec figures. 12 p.

76 **Scheffer**. Scènes de grisettes. 7 p.

77 **Vidal** (D'ap.). La Muse du souvenir. Très-belle ép. sur chine, par Montaut.

78 Vierges et sujets religieux gravés, lithog. noir et couleur. 37 p.

79 Chevaux et chiens, d'ap. Lepaule, Ledieu, etc. 10 p. en manière noire.

80 **Anonymes**. Masques pittoresques. 8 p.

ORNEMENTS

81 **Babel**. Cartouches rocailles, Baldaquin de l'Oratoire.

82 — Le nouveau Vignole, enrichi de 11 p. d'ornements gravées par Babel. 53 feuilles.

83 **Berain** (D'ap.). Meubles et lustres. 2 belles pièces.

84 **Bosse** (A.). Groupe d'Enfants pour frontons, sculpture, etc. 12 p. superbes, avec marge.

85 — Cheminées avec le titre. 5 p.

86 **Bourdon** (P.). Ornements pour horlogers, orfèvres, ciseleurs, etc. 11 p.

87 **Bry** (Th. de). Bouts de gaine, Entourages, Monstres marins, la Lettre L. 8 p. belles.

R. [illegible]

[illegible]olier [illegible]. 50

Colle[illegible] [illegible] 50

88 **Caulo**. Collection complète d'Alphabets, lettres ornées et pittoresques. 50 p.

89 **Chenavard**. Album de l'Ornemaniste, Tapis et objets d'ameublements. 63 p.

90 **Collaert**. Pendeloques et autres. 10 p. très-belles.

91 **Cuvilliés** et autres. Décorations intérieures, Lits, Trumeaux, etc. 18 p.

92 **Dieterlin**. Architecture, Portes, Fontaines, Armoiries, Détails, etc. 14 p.

93 **Duvivier**. Cartouches. 7 p.

94 **Gillot** (D'ap.). Cartouche, Ecran par Huquier. 7 p.

95 **Harrewyn**. Alphabet de lettres formées de figures et attributs. 26 petites p. rares.

96 **Hopfer**. Ornements, Arabesques 6 p.

97 **Huet**. Vases, Animaux, etc. 8 p.

98 **Jullien**. Ornements à 2 tons. 9 p. lithog.

99 **Klauber**.. Les Heures du Jour et autres sujets dans des arrangements rocailles. 8 p.

100 **Labelle**. Panneaux d'ornements. 16 p.
— Frises, Vases, Cartouches. 13 p.

101 **Lecoute** (Emile). Mélange d'ornements. 53 p.; plusieurs imp. en couleur et texte.

102 — Variété ou choix d'ornements. 72 p. avec texte complet; plusieurs imp. en couleur.

103 **Le Pautre**. Le petit Bonhomme. Pièce curieuse de l'époque.
— Vases, Alcôves, etc. 15 p.
— Cheminées, Plafonds, etc. 7 p.

104 **Loir**. Groupe pour frontons, etc. 7 p.

105 **Marot** (J.). Hôtels de Paris, Vase, etc. 7 p.

106 **Metzmacher**. Portefeuille historique de l'ornement. 25 p. sur chine.

107 **Mobius**. Grilles de jardins. 12 p.

108 **Naudet** (Caroline). Armures anciennes. 18 p. Lancier d'ap. Holbein, Casque d'Henri IV. 20 p.

109 **Nilson** et autres. Ornements, Portraits entourés, Meubles, Cartouche, etc. 22 dessins.

110 **Oppenort**. Fontaine, Cartouches. 7 p.

111 **Pequegnot**. Ornements divers. 32 p.

112 — Ornements, Vases et Décorations d'après les maîtres. 3 vol. de 50 p. Carton, dos toile; 150 p. sur papier de couleur.

113 **Picart** (B.). Allégories pour illustrations. 6 jolis dessins à l'encre de Chine.

114 **Pillement**. Fleurs de fantaisie, Chinois. 14 p.

115 **Poulleau**. Nouveau livre des ordres d'architecture de Vignole avec décorations intérieures de l'hôtel de Villars et autres. 44 p., broché.

116 **Roux**. Fragments d'architecture antique, immense lithograghie, d'après A. Leclerc de l'Institut.

117 **Sollis** (Virgile). Triomphes des Saisons. 3 p. en forme de frises.

118 **Travies**. Macédoines, Souvenir de Chine, 35 p. coloriées ; Fleurs, Oiseaux, papillons.

119 **Wachsmuth**. Les Quatre Saisons, compositions de figures, genre Watteau, dans des formes rocailles. 4 p.

120 Architecture, Ornements, Décoration d'intérieur. 16 dessins lavés.

R. 10

Cambrai 3.

R. 6

121 Candélabre, à la plume ; détails d'Ornements mauresques. 6 dessins.

122 Tasses pour porcelaines dorées, Aquarelles, Vases, etc. 12 dessins.

123 Ornements, Calques d'après les anciens maîtres et autres. Plus de 60 dessins.

124 Vases, détails et compositions d'Ornements, Cartouches, etc., genre rocaille. 46 dessins à l'encre.

125 Arabesques de Ducerceau et pièces de l'École de Fontainebleau. 10 p.

126 Ornements pour Bijoutiers, Emailleurs, etc, avec fond noir, etc. 14 p.

127 — Pour Joailliers, Lapidaires, etc. 13 p. de Stephanus, Marc Gérard et autres.

128 Frises de Figures, Tritons, Animaux. 10 p.

129 Titres de livres, Cartouches entourant le texte de Roland, etc. 12 p.

130 Cartouches par moitié, Pommes de cannes, etc. 12 p.

131 Cartouches et Entourages. 10 p.

132 Vases et Fontaines d'ap. Boucher, Eisen et autres. 15 p.

133 Vases riches. 14 p.

134 Trépieds à trois motifs à la feuille, pouvant servir pour des candélabres, etc. 12 p.

135 Armoiries, Lettres ornées, Chiffres entrelacées formant armoiries, etc. 24 p.

136 Recueil de chiffres à deux et trois lettres entrelacées. 38 feuilles.

137 Dessin géométrique. 12 feuilles.

138 Décorations d'ap. Feuchères, et Ornements par Julienne et autres. 30 p.

139 Meubles divers, à l'usage des Ebénistes, Tapissiers, etc. 78 p. lithog. noir et couleur.

140 Fleurs et Fruits d'ap. Redouté, Roubillac et autres. 58 p. en noir et coloriées.

141 Plantes pittoresques par Saint-Aubin, Fleurs et autres. 18 p.

142 Etudes d'Ornements d'ap. l'Antique. 28 p. lithog. par divers.

143 Architecture, Ornements divers. 290 p. environ; 3 lots.

144 Ornements Fleurons, Fins de pages, Cent motifs, en bois ou typographie, Lettres ornées, etc. 2 lots.

145 Titres de livres et Emblèmes par L. Gautier, Michel Lasne, etc. 20 p.

PORTRAITS

146 Portraits, Charges, Anglais et Français. 58 p.

147 **Baudet**. Charles Perrault, d'ap. Lebrun.

148 **Bonnart**. Ducs d'Anjou, de Berry, de Noailles. 3 p en pied et à cheval.

149 **Bonneville**. Portraits de l'Epoque. Anciennes ép. 10 p.

150 **Chereau**. Cardinal Fleury, in-fol., Languet de Gergy, in-4. 2 p., belles ép.

151 **Chevillet**. M. Lenoir, d'ap. Greuze, petit in-fol.

..rlum 2.

..ustain 3.

Collier 1.50

Collier 3.

[illegible]hoir 1 50

152 **Cochin** (D'ap.). Brenet, Cars, Clicot de Clerval, Cochin, Delarive, Hallé, Jeaurat, Jombert, Prault, Rohan Guemené. 11 p.

153 **Demarcenay**. Comtes de Berghe, Brunswick Lunebourg. 2 p. in-fol.

154 **Drevet**. Cardinal Dubois, in-fol., marge.

155 — Madame et M. Lambert, d'ap. Largillière. 2 p. in-fol.

156 J. N. Colbert, Prince de Dombes, le grand Bréviaire. 3 p.

157 **Dupin**. Le comte d'Artois, colonel des Suisses. 1er état avant toutes lettres et avec l'emblème de la Vérité à droite, le même avec la lettre. 2 p.

158 **Edelinck**. Louis XIV, in-8. Toute marge.

159 — Titre des grands hommes de Perrault. Très-belle ép. Guil. de Lamoignon. 2 p.

160 **Ficquet**. Marquise de Maintenon. Très-belle ép., grande marge.

161 **Gaultier** (L.). Jacques Amyot, Plutarque. 2 p.

162 **Green**. Marie-Charlotte-Thérèse, fille de Louis XVI, petit in-fol. Très-belles ép.

163 **Grignon**. J. Bureau de Monglat, maire de Bordeaux, chambellan. F. de Vertamon. 2 p.

164 **Larmessin**. Marie-Thérèse d'Espagne, dauphine de France, en pied d'après Vanloo, in-fol.

165 — P. Mayeur, abbé de Clairvaux, in-fol.

166 **Lenfant**. René de Marillac et autre. 2 p.

167 **Littret**, 1766. Clairon, en buste, petit-in-fol.

168 **Lubin**. Colbert, Condé, Lebrun, Séguier. 4 p.

169 **Massard** (J.). Comte d'Artois. Très-petit portrait, rare.

170 **Mellan**. Créquy, Louis XIV, etc. 3 p.

171 **Moncornet**, Daret, etc. Portraits divers. 56 p., belles ép. 2 lots.

172 **Morin**. J. Tubeuf, de la Chambre des comptes.

173 **Munnichuysen**. Ferdinand Paderborn évêque. Magnifique ép., gr. in-8, marge.

174 **Natalis**. Nicolas de Gomzé abbé, in-4. Superbe ép.

175 **Odieuvre**. Portraits par Ficquet, Schmidt, Will et autre. 44 p., 2 lots. La plupart grande marge.

176 — et autre. Artistes peintres. 13 p.

177 **Pauquet**. Clovis, — Louis XI, — Louis XVI, — Bonaparte consul, — Napoléon II, — Abdul-Medjid, — Alexandre II. 7 portraits en pied sur chine, gr. papier.

178 **Petit**. Potier duc de Gesvres, — Phelypeaux comte de Maurepas. 2 port. en pied, in-fol., d'ap. Vanloo.

179 **Picart** (B.), 1706. Le duc d'Orléans régent, entouré de figures allégoriques. Petit in-fol. en travers.

180 **Poilly**. Mme Lamotte-Houdancourt. In-fol.

181 **Ravenet**. Rollin, in-4. Belle ép.

182 **Sadeler** et autres. Feyrabendius, Breughel et autres, par Bloemaert, Suyderoef. 8 p., très-belles.

183 **Saint-Aubin**. Fr.-Réné Molé, in-4, Th. Français. Très-belle ép., marge.

...tain 1,25

...tain 3,

...tion 2,50

R. 8.

Cauchois 1·50

Lachapelle 5 Hervey 12. Litchfield 10

Xavier 1·? [illegible]

Henderson 4
[illegible]

184 **Savart**. Fénelon. Adresse barrière de Fontarabie.

185 **Schmidt**. L'abbé Prévot, in-4, — Tubières de Caylus év. d'Auxerre, in-fol. 2 p.

186 **Thomassin**. Cochet de Saint-Vallier comte de Brioude. Sup. ép., petit in-fol.

187 **Van Schuppen**. Foucault, Lefèvre de Caumartin, de Monchy, lady Warner sœur Claire de Jésus. 4 p.

188 **Vernet** (H.). El general Quiroga, en pied, lithog. orig.

189 **Watelet**, d'ap. Cochin, Bay de Curys, Copette, Laure, Sarrau, Sommery, W. de Valogni. 7 p.

190 **Wille**. Louis dauphin, — Marie-Thérèse d'Espagne sa femme. 2 p. gr. in-4.

191 ANONYMES. Stanislas-Auguste roi de Pologne. Joli portrait aux trois crayons; autre, pierre d'Italie et à la sanguine. 3 dessins.

192 ***Favart***. Joli portrait dessiné à l'encre de Chine. Gr. in-8, papier in-4.

193 ***Marie Leczinska*** en pied, in-4, par Dupin, Demarne, en buste, chez Crépy. 3 p.

194 ***Mozart*** à sept ans, plus âgé, sa femme, ses fils, son oreille, sa maison, etc. 5 p. lithog.

195 ***Napoléon Ier***. Buste, pied, à cheval, etc. 9 p.

196 Famille royale de France : Louis XVI, Marie-Antoinette, Elisabeth, duchesse d'Angoulême, Berry, etc. 36 p.

197 Famille d'Orléans : Portraits réunis et séparés. 30 p. jusqu'à l'in-fol. 2 lots

198 **Acteurs**. Laruette, Martin, Préville, etc. 6 p.

199 **Ecclésiastiques.** Saint Ignace, Secousse, Ségur, etc. 6 p.

200 **Femmes célèbres.** Marie-Thérèse, Mercœur, etc. 6 p.

201 **École anglaise.** Portraits de femmes, d'ap. Van Dyck, Lawrence et autres. 6 p.

202 Collection de portraits in-8, recueillis pour illustration, classés par ordre alphabétique. 274 p. Sera divisé.

203 — Rois de France et autres. 42 p.

— Reines et impératrices. 12 p.

204 Portraits divers. Environ 200 p. 4 lots

VIGNETTES

205 **Vignettes anglaises.** Illustration pour Crabbe, d'ap. Corbould. Gr. in-8 *proofs.* 13 p.

206 — The Sporting Magazine, chasse, course, animaux et portraits d'hommes. 64 p. sur chine.

207 — Têtes de femmes pour illustrations de Walter-Scott et autres. 20 p.

208 Vignettes anglaises, de Smirke; acteurs, etc. 45 p.

209 — Illustrations pour Shakespeare. 35 p.

210 Vignettes d'après Cochin, Eisen, Marillier, Moreau et autres titres de livres. Environ 300 p. Plusieurs lots.

211 Vignettes. Scènes de Paris, illustration. 20 p.

212 Vignettes par Girardet, d'ap. Deveria, pour Rousseau, chine, d'ap. Cochin, Lebarbier et autres. 56 p.

Mathon a 50
chaque vues

213 — Illustrations Ancien et Nouveau Testament, d'ap. Marillier, Monsiau, etc. 88 p.

214 — Illustrations pour Rabelais et autres. Ép. chine avant la lettre et eaux-fortes. 30 p.

215 — Illustrations pour Télémaque, Molière, le Roman comique, etc. 53 p.

216 Vignettes pour divers ouvrages. 120 p., 2 lots.

217 Vignettes in-fol. pour le Racine de Didot. 30 p., plusieurs avant la lettre.

218 Vignettes in-4 pour Daphnis. 6 p. Ep. avant la lettre, toute marge.

219 L'Amalgame, recueil de 30 p., — l'Anatomie d'André Dulaurens. 2 albums

220 Sujets divers, portraits, etc. Environ 250 p., 4 lots.

VUES

221 **Aveline** et autres. Chantilly, Sceaux, Vincennes, etc. 31 p., 2 lots.

222 **Bourgeois**. Vues d'Italie gravées. 47 feuilles.

223 **Ducerceau** Fontainebleau : le Fer à cheval, — du côté de l'étang, — autre à vol d'oiseau de Peters, — la salle des Pas-Perdus, par Meryon. 4 p.

224 **Meryon**. La tour de l'horloge du Palais-de-Justice, — vue de Paris, d'ap. Zeeman. 2 p. à l'eau-forte.

225 **Pequegnot**. Vues de Paris et environs : la grande Bièvre, Vincennes, etc. 13 p. à l'eau-forte.

226 **Perelle** et autres. Vues de Liancourt, Versailles, statue de Louis XIV à Paris, etc. 34 p.

227 — Palais du Luxembourg, les Invalides, Val-de-Grâce, Versailles, etc. 20 p.

228 **Silvestre**. Vues de Fontainebleau, Lyon, Italie. 20 p.

229 — Fontainebleau, Liancourt, Tanlay et autres. 28 p.

230 — Palais et jardin des Tuileries, château de Blois, château de Madrid. 6 p. in-fol.

231 Vues de Normandie, Caudebec, Evreux, Rouen, etc. 9. — Orléans, 2. — Reims Notre-Dame, par Deson, Gentillâtre, etc., 5. — Strasbourg l'horloge et la cathédrale. 4. En tout 20 p. Sera divisé.

232 Antiquités de la France de Laborde. 60 p. gravées : Aix, Arles, Reims, etc.

233 Voyage dans l'ancienne France de Taylor : Normandie, Auvergne, Franche-Comté. 57 p.

234 Vues de France, lithog. à deux tons. 30 p.

235 Beffroi de Valenciennes, par Demay, 8, — par Léonard, 5. — 13 p. lithog.

236 Moyen âge monumental et archéologique. 55 p.

237 Vues de Bretagne et autres lithographies. Plus de 300 p. seront divisées sous ce numéro.

Renou et Maulde, imprimeurs de la Compagnie des Commissaires-Priseurs, rue de Rivoli, 144 35222

"athon a 50c chaquetur
doub

.athon a 50c chaquetun

7. Etranger 58

57 France 2 44
14 - 4.
12 5
21 2 [illegible]
5

5 - 15

336 Lasquerin 10 -

[illegible] 2 - 50

4½ [illegible] 5 60

23 - [illegible]5

195 [illegible]

2	[illegible]	[illegible]	2	
5	[illegible]	[illegible]	2	
16	[illegible]		2	[illegible]
19	[illegible] Lubin	B.	[illegible]	
23	[illegible]	Mathon.	[illegible]	
24	[illegible]	Ollivier.	4	
26	[illegible]	ollivier.	1[illegible]	
30	[illegible]	R.	1[illegible]	
31	[illegible]	R.	11	[illegible]
32	[illegible]	R.	[illegible]	
34	[illegible]	R.	19	
[illegible]	[illegible] 20	[illegible]	1	50
60	[illegible]	[illegible]	2	
67	Lyngton	Mathon.	[illegible]	
78	[illegible] p.		2	
80	Morgan 8 p.	[illegible]	2	
93	[illegible]		1	
95	[illegible]	[illegible]	1[illegible]	
106	[illegible]	R.	5	
114	[illegible]	[illegible]	[illegible]	
117	[illegible]	R.	4	
[illegible]	[illegible]	[illegible]	[illegible]	
1[illegible]	[illegible]		1	
150	[illegible]	[illegible]	[illegible]	
158	Louis XIII	[illegible]	1	75
[illegible]1	[illegible]		1	
1[illegible]3	[illegible]		[illegible]	[illegible]5
175	[illegible]		4	
[illegible]8	[illegible]	[illegible]	4	
183	[illegible]			[illegible]0
189	[illegible]			[illegible]
194	[illegible]	[illegible]	10	[illegible]
195	napol. [illegible]	[illegible]	1	50
[illegible]	10 p.			[illegible]
[illegible]	[illegible] p.		10	
[illegible]	100 p.	[illegible]	3	
	[illegible] p.		[illegible]	50
[illegible]	16 p.		[illegible]	75
[illegible]	[illegible] p.	[illegible]	[illegible]	[illegible]
			2[illegible]9	75

		209 75
[illegible]	[illegible]	86
[illegible]	[illegible]	3 50
		217 50
		10 90
		~~227 90~~
		228 4[illegible]

Loiselet	[illegible]	732 [illegible]
Piot	123.65	133 25
[illegible]	67.90	93 00
[illegible]	32.10	44
Brunet	[illegible].80	31 [illegible]
Rott	[illegible]	3 [illegible]
	794.00	1038 80

www.ingramcontent.com/pod-product-compliance
Ingram Content Group UK Ltd.
Pitfield, Milton Keynes, MK11 3LW, UK
UKHW032011260826
14628UKWH00005B/2420

9 782329 544151